アレンジ無限！
旨うまだれ

和・洋・中4種のタレで、味がピタッと決まる！

武蔵裕子

宝島社

はじめに

私は長い間、3世代の家族の食事を作ってきました。
子育て、仕事……と忙しい毎日の中で、
一番私を助けてくれたのが「手作りのたれ」です。
野菜にかけるだけ、肉や野菜炒めの味つけに、
肉や魚料理の下味に……などなど。
味がピタッと決まり、自分の家の味になる！
しかも、その日の気分で材料や調理法を変えられるため、
作り置きおかずのように毎日同じ料理を食べなくてもいいのもいいところ。

手作りのたれは、いつしか私にとって、毎日の食事作りの相棒になっていました。
いろいろなたれを作りましたが、
たれの種類がたくさんあると冷蔵庫のスペースをとってしまうし、
使い切れずに残ってしまうことも……。

そこで考えたのが、**和洋中の味のベースになるたれ**です。

家族が好きな料理を作れる！ というのも、このたれのポイントです。
家族から「あれ、作って！」といわれるのは、ほとんどが定番料理といわれるもの。
それらが、1つのたれで作れたらどんなに便利だろう。
そんな思いから試行錯誤を重ね、和、中で1本ずつ、洋風は2本。
計4本のたれを作り出しました。
自画自賛ですが、これが本当に便利で、とてもおいしいんです。
このおいしさが名前からも伝わるといいな～と「旨うまだれ」と名づけました。

4つの旨うまだれが、
忙しい皆さんや味が決まらないなぁと思う方の
毎日の食事作りの助けになれば！ と思います。

武蔵裕子

CONTENTS

はじめに ── 2
旨うまだれのメリット ── 8
旨うまだれがあれば！ ── 10

PART 1
旨うま 和だれ

旨うま 和だれの作り方 ── 16

和だれを かけるだけ！ あえるだけ！

1. 長いもの酢の物 ── 18
2. 冷ややっこの梅肉和だれ ── 18
3. ほうれん草のごまあえ ── 19
4. ローストビーフの玉ねぎだれ ── 19
5. まぐろと細ねぎのぬた ── 20
6. キャベツナカレーあえ ── 20
7. ちくわのマヨおかか ── 21
8. 厚揚げ焼き ── 21
9. そうめんのごまだれ ── 22
10. 新玉ねぎの青のり風味 ── 22
11. レンチンなすのしょうがだれ ── 23
12. うずら卵の和だれ漬け ── 23

鶏肉の照り焼き ── 24
肉じゃが ── 26
五目炊き込みご飯 ── 28
豚肉のしょうが焼き ── 30
きんぴらごぼう ── 32
炒り豆腐 ── 33
ぶりの照り焼き ── 34
かれいの煮つけ ── 36
筑前煮 ── 38
親子丼 ── 40
牛丼 ── 41
関東風卵焼き ── 42
あじの南蛮漬け ── 44
レンジさばのみそ煮 ── 46
いわしの梅煮 ── 47
豚こまと長いもの炒め煮 ── 48
なすとピーマンのみそ炒め ── 49
蒸し豚しゃぶサラダ ── 50
鶏むね肉のカレーから揚げ ── 52
カレーうどん ── 54
納豆焼きめし ── 55
和風ハンバーグ ── 56
スペアリブの
　マーマレードグリル焼き ── 58
チーズタッカルビ風 ── 60

PART 2
旨うま 洋だれ

旨うま 洋こってりだれの作り方 —— 64
旨うま 洋さっぱりだれの作り方 —— 66
きのこたっぷり
　煮込みハンバーグ —— 68
フレッシュトマトの
　ハヤシライス —— 70
レンジミートソースパスタ —— 72
ソースいらずのポテトコロッケ —— 74
牛肉とズッキーニの洋風炒め —— 76
さばの洋風ソテー —— 78
いわしとセロリの
　フライパン蒸し煮 —— 79
レンジバターチキンカレー —— 80

洋さっぱりだれを
かけるだけ！
あえるだけ！

1. キャロットラペ —— 82
2. たいのカルパッチョ —— 82
3. トマトのサラダ —— 83
4. コールスローサラダ —— 83
5. 生ハム入りシーザーサラダ —— 84
6. スモークサーモンと
　　アボカドのマリネ —— 84
7. まぐろのブルスケッタ風 —— 85
8. グリルパプリカのマリネ —— 85

チキンのマリネ焼き —— 86
さけのしっとりソテー —— 88
えびのエスカベッシュ —— 90
セビーチェ —— 91
シュークルート —— 92
アボカドのレモンパスタ —— 94
タラモサラダ —— 95

PART 3
旨うま 中華だれ

旨うま 中華だれの作り方 —— 98

中華だれを かけるだけ！あえるだけ！

1. 青梗菜の中華だれがけ —— 100
2. レンチンもやしの中華あえ —— 100
3. 焼き豚ときゅうりの中華あえ —— 101
4. 中華風冷ややっこ —— 101
5. 豆乳つけめん —— 102
6. スティックセロリの中華だれディップ —— 102
7. まぐろの刺し身の中華あえ —— 103
8. 魚肉ソーセージの貝割れ菜あえ —— 103
9. ピータンのザーサイあえ —— 104
10. しいたけのグリル焼き —— 104
11. 豆苗とツナの中華あえ —— 105
12. きゅうりと韓国のりのあえもの —— 105

回鍋肉 —— 106
麻婆春雨 —— 108
青椒肉絲 —— 110
レバにら炒め —— 112
レンジde しっとりバンバンジー —— 114
シャキシャキもやし春巻き —— 116
肉みそ —— 118
ジャージャー麺 —— 120
スタミナ焼きそば —— 121
あさりとトマトのピリ辛炒め —— 122
豆乳鍋 —— 124
キムチさば缶鍋 —— 126

この本の使い方

- たれの保存期間はあくまで目安です。
- 材料は「たれ」は作りやすい分量、料理は2人分を基本にしています。
- 小さじ1＝5mL、大さじ1＝15mL、カップ1＝200mLです。
- 野菜の「洗う」「皮をむく」などの下処理は基本的に省略しています。適宜行ってください。
- レシピ内の「塩」は自然塩、「しょうゆ」は濃口しょうゆ、「小麦粉」は薄力粉です。
- 電子レンジの加熱時間は600Wの目安です。500Wの場合は、加熱時間を1.2倍に、700Wの場合は0.8倍を目安にしてください。
- 電子レンジ、魚焼きグリルは機種によって加熱時間が異なります。取扱い説明書の指示に従い、様子を見ながら調整してください。

STAFF

ブックデザイン　小橋太郎（Yep）

撮影　よねくらりょう

スタイリング　福泉響子

調理アシスタント　五十嵐朝子

企画・編集　飯村いずみ

撮影協力　UTUWA

旨うまだれのメリット

旨うまだれは、便利、おいしいのはもちろんですが、それ以外にもいいところがいっぱい！ここでは、たくさんのメリットの中でも特に知っておいてほしい4つをご紹介。

1.

味がピタッと決まる！

料理が苦手な人から聞く料理の悩みで一番多いのが、「味が決まらない」ということ。何か違うな〜と、何度も味を足して味見を繰り返しているうちに、目指す味がわからなくなってしまう……なんてことも。旨うまだれがあれば、味がピタッと決まります。これってかなりうれしい！ たれがあれば毎回おいしく作れるという安心感もあります。

2.

4つだけなら、残らない

たれやソースの本で多いのが、多くの種類のたれを紹介しているもの。もちろん、それはそれで便利なのですが、たくさんありすぎるとどれを作っていいかわからないし、何種類もあると使い切れません。でも、4つだけなら、残さず使い切れます。冷蔵庫をたれが占領することもありません。残さないって、かなりストレスフリー！

3.

バリエーション豊富

例えば、旨うま和だれは、煮物も照り焼きも、炒め物も作れます。旨うま中華だれなら、定番の中華料理のほとんどが作れます。ときには、香味野菜を足したり、別の調味料をちょい足ししたりすると、さらに料理のバリエーションが広がります。1つのたれから、こんなにいくつもの料理が作れるなんて！ 旨うまだれを作らないなんて、もったいない!!

4.

手作りだから食べ飽きない！
家の味になる！

スーパーには市販の調味料が溢れています。鍋の素なるものも売っています。便利なアイテムではありますが、市販のものは食べているうちに飽きてしまいます。しかも、どれを食べても均一の味。お家の味にはなりません。旨うまだれなら、手作りならではのやさしい味、お家の味が楽しめます。

旨うまだれがあれば！

あえ物がすぐ完成！

炒め物、煮物の味つけに！

揚げ物や焼き物の下味にも！

炊き込みご飯の味つけにも！

旨うま 和だれ

PART 1

和風の甘辛味はすべておまかせ！ の和だれです。削り節が入っているので、うまみたっぷり。から揚げの下味にもなり、しょうがを足したら豚肉のしょうが焼きを、梅干しを足したら梅煮も作れる……まさに万能なたれです。

照り焼き
煮物
魚の煮つけ
もできる！

手作りのめんつゆ！
旨うま 和だれ の作り方

材料 作りやすい分量・でき上がり300mL

削り節……15〜20g
砂糖……55g
酒……¼カップ
みりん……1 ½カップ
しょうゆ……1 ¼カップ

活用例

照り焼き、煮物、魚の煮つけ、きんぴら etc.

保存

冷蔵庫で3週間

1 小鍋に材料すべてを入れ、強めの中火にかける。

2 煮立ったらアクを取り、弱火にして10分煮る。

3 すぐに濾し、削り節を押してよく絞る。

＼和だれを／
かけるだけ！
あえるだけ！

＊分量が書いてあるものは、1人分の場合です。調味料だけ分量が書いてある場合は、その割合で作ってください。

1. 長いもの酢の物

長いもを棒状に切り、ちぎった焼きのり、和だれ(大さじ1/2)＋酢(小さじ1)であえる。

2. 冷ややっこの梅肉和だれ

削り節(大さじ1)、梅肉(少々)、和だれ(大さじ1)を混ぜ、豆腐にのせる。

3. ほうれん草の ごまあえ

ほうれん草をゆでて2～3cm長さに切って絞り、すりごま(大さじ½)＋和だれ(大さじ1)であえる。

4. ローストビーフの 玉ねぎだれ

市販のローストビーフに、玉ねぎのすりおろし(大さじ1)、和だれ(大さじ1)を混ぜてかける。

5. まぐろと細ねぎのぬた

まぐろの刺し身、さっとゆでた細ねぎをみそ(小さじ1/2)＋和だれ(大さじ1)＋酢(小さじ1/2)であえる。

6. キャベツナカレーあえ

太めのせん切りのキャベツ(大1枚)、ツナ缶(小1/2缶 汁けをきる)を、和だれ(大さじ1)＋カレー粉(小さじ1/3)であえる。

和だれ

7. ちくわのマヨおかか

ちくわ(小2本)の乱切りを和だれ(大さじ1)＋マヨネーズ(大さじ½)＋削り節(大さじ1)であえる。

8. 厚揚げ焼き

厚揚げをグリルかトースターで焼き、長ねぎの小口切り、一味おろしをのせ、和だれをかける。

9. そうめんのごまだれ

和だれ(大さじ2 $\frac{1}{2}$)に、水($\frac{1}{3}$カップ)、すりごま(大さじ $\frac{1}{2}$)を混ぜ、ゆでたそうめんをつけて食べる。

10. 新玉ねぎの青のり風味

新玉ねぎの薄切りに青のりをしっかりまぶし、和だれ(大さじ1)をかける。

＊新玉ねぎは切ってから塩少々をふってしばらくおき、水にさらしてから絞ると食べやすい。

11.

レンチンなすの しょうがだれ

レンチンしたなす(1本・1本につき600Wで1分30秒)、薄切りみょうが(1個)を、和だれ(大さじ1)＋ごま油(小さじ1)＋おろししょうが(少々)であえる。

12.

うずら卵の和だれ漬け

うずら卵の水煮(5〜6個)を和だれ(大さじ1 1/2)に漬け、ときどき返しながら20分ほど漬ける。日持ち1週間。

和だれ

大さじ2

香ばしい鶏肉と
甘辛だれのコンビがたまらない！

鶏肉の照り焼き

材料　2人分

鶏もも肉 …… 大1枚(約300g)
小麦粉 …… 適量
サラダ油 …… 大さじ1
和だれ …… 大さじ2
キャベツ(せん切り) …… 大2枚
青じそ(せん切り) …… 2枚

作り方

1. 鶏肉に小麦粉を薄くまぶす。フライパンにサラダ油を熱して鶏肉を入れ、両面を中火で焼いて焼き色をつけ(焦がしすぎないように注意)、ふたをして弱火で2〜3分蒸し焼きにする。
2. 中まで火が通ったら、ペーパータオルで脂を拭き取り、和だれを加え、強めの中火で煮からめる。
3. 一口大のそぎ切りにして器に盛り、キャベツと青じそを混ぜて添える。

\ Point /

鶏肉は小麦粉を薄くまぶしておくと、たれがよくからむ。

軽く焼き色がついたら、和だれを回しかける。

みんな大好きな定番煮物の
味つけは和だれだけ！

肉じゃが

和だれ

大さじ3

材料　2人分

牛薄切り肉(または切り落とし／3cm幅に切る)……80g
じゃがいも(4等分に切り、水にさらす)……2個
玉ねぎ(くし形切り)……中1/2個
にんじん(小さめの乱切り)……小1/3本
しらたき(下ゆでし、食べやすく切る)……1/2袋(50g)
サラダ油……大さじ2/3
水……1カップ
和だれ……大さじ3

作り方

1. 鍋にサラダ油を熱し、牛肉を広げて入れ、ほぐしながら中火で炒める。肉の色が変わったら、玉ねぎ、にんじん、水けをきったじゃがいも、しらたきの順に加え、炒め合わせる。

2. 分量の水を加えて強火にし、煮立ったらアクを取り、和だれを加える。アルミホイルで落としぶたをし、煮汁が少し残るくらいまで煮る。

\ Point /

和だれを使えば、だしいらず！ 水だけで作れる。

和
だれ

大さじ2 １/２

おかずいらずの具だくさんご飯
五目炊き込みご飯

材料　2〜3人分

米 …… 2合(360mL)
鶏もも肉(1㎝角に切る) …… １/２枚
ごぼう(角切りにし、水にさらす) …… 10㎝長さ
生しいたけ(軸を落とし、薄切り) …… 3個
にんじん(3㎝長さの棒状に切る) …… １/３本(約50g)
こんにゃく(下ゆでし、1㎝角に切る) …… １/３枚(約50g)
和だれ …… 大さじ2 １/２
塩 …… 少々

作り方

1. 米は洗ってざるに上げる。炊飯器に米を入れ、2合の線まで水を入れ、30分ほど浸水させる。鶏肉は和だれ大さじ１/２をからめる。

2. 1の炊飯器に和だれ大さじ2、塩を入れ、さっと混ぜる。具材を全体に広げてのせ、混ぜずに普通に炊く。

3. 上下を返すようにさっくりと混ぜ、10分ほど蒸らす。

\ Point /

鶏肉に和だれをからめておくと、肉自体がおいしくなる。

和だれは全体に混ぜ、具は上にのせて(混ぜると米に炊きムラができるため、混ぜない)炊く。

和
だれ

和だれ

大さじ3

和だれ＋おろししょうがで
しょうが焼きの完成〜

豚肉のしょうが焼き

材料　2人分

豚ロースしょうが焼用肉（厚めなら筋切りする）……6枚
玉ねぎ（太めのくし形切り）……1/4個
サラダ油……大さじ1
塩……少々
小麦粉……適量
A 　和だれ……大さじ3
　　しょうが（すりおろす）……1かけ

作り方

1. フライパンにサラダ油の半量を熱し、玉ねぎを中火で2分ほど炒めて塩をふり、器に取り出す。
2. 豚肉に小麦粉を薄くまぶす。
3. 1のフライパンにサラダ油の残りを熱し、豚肉を重ならないように入れ、両面を中火で色よく焼く。全体に焼き色がついたら、混ぜたAを回しかけ、少し火を強くして全体にからめ、1の器に盛る。

\ Point /

豚肉に焼き色がついたらたれを回しかけ、肉を返しながら全体に煮からめる。

あるとうれしい常備菜
きんぴらごぼう

和だれ 大さじ2

材料　2人分

ごぼう（せん切り。水に少しさらす）
　……1/2本（約100g）
にんじん（斜め切りにしてから
　せん切り）……1/3本
赤唐辛子（小口切り）……1本
ごま油……大さじ1
和だれ……大さじ2
白いりごま……適量

作り方

1 フライパンにごま油を熱し、赤唐辛子を焦がさないように弱火で炒め、水けをよくきったごぼうを入れて中火で炒め、全体に油が回ったらにんじんを加えて炒める。

2 全体に油がなじんだら水大さじ2（分量外）を加え、ふたをして弱火で3分蒸し煮にする。和だれを加え、強めの中火で炒め合わせる。器に盛り、白ごまをふる。

地味だけど、しみじみおいしい
炒り豆腐

和だれ 大さじ2

材料　2人分

木綿豆腐……1/2丁(150g)
にんじん(3〜4cm長さのせん切り)
　……1/4本(約30g)
生しいたけ(軸を落とし、薄切り)
　……1個
万能ねぎ(8mm幅に切る)……2本
卵(溶きほぐす)……1個
ごま油……大さじ1
和だれ……大さじ2

作り方

1. 豆腐はペーパータオルで包んで耐熱皿におき、電子レンジで2分加熱して水きりする。
2. フライパンにごま油の半量を熱し、1を手で細かくちぎりながら入れ、木べらでさらに細かくしながら中火で炒り、水分がとんだら取り出す。
3. 残りのごま油を中火で熱し、にんじん、しいたけを炒め、ややしんなりとしてきたら2を戻し入れ、和だれを加えて炒め、万能ねぎを加えて混ぜる。卵を流し入れ、大きく炒め合わせる。

和だれ

大さじ1 1/2

魚の照り焼きは、和だれで一発味つけ
ぶりの照り焼き

材料　2人分

ぶり……2切れ(200g)
まいたけ(ほぐす)……1/2パック
青じそ(せん切り)……2枚
小麦粉……適量
サラダ油……大さじ1
和だれ……大さじ1 1/2

作り方

1　フライパンにサラダ油の半量を熱し、まいたけを中火で炒め、青じそをまぶして器に盛る。

2　ぶりに小麦粉を薄くまぶす。**1**のフライパンにサラダ油の残りを熱し、ぶりを並べ、両面を弱めの中火で焼き、焼き色がついたらふたをして1分ほど蒸し焼きにする(厚めのぶりなら3分)。

3　和だれを加え、火を強めて手早く全体に煮からめ、**1**の器に盛る。

和だれ

大さじ2 ½

和だれに水を足すだけで、
煮つけの煮汁ができる！

かれいの煮つけ

材料　2人分

かれいの切り身（皮目に浅く切り目を入れる）……2切れ
貝割れ菜（根元を落とす）……1パック
A ｜ 和だれ……大さじ2 ½
　｜ 水……1 ¼カップ

作り方

1. 鍋またはフライパンにAを入れて中火にかけ、煮立ったらかれいを入れ、アルミホイルの落としぶたをし、ときどき煮汁を魚にかけながら、6〜7分煮る。
2. 仕上げに横に貝割れ菜を入れ、さっと煮る。
3. 器にかれいを盛り、貝割れ菜を添える。

\ Point /

水、和だれを入れて煮立ったところに魚を入れて煮るだけ。

和
だれ

根菜たっぷり！煮物の決定版
筑前煮

和だれ
大さじ3 1/2

材料　2〜3人分

鶏もも肉(一口大に切る)……1/2枚(約150g)
こんにゃく(スプーンで一口大にちぎる)……1/3枚
生しいたけ(石づきを落とし、半分に切る)……2個
れんこん(一口大の乱切りにし、酢水にさらす)……小1節
ごぼう(一口大の乱切りにし、酢水にさらす)……1/3本
にんじん(一口大の乱切り)……1/3本
里いも(一口大に切り、塩もみして洗う)……2個(160g)
絹さや(筋を取って塩ゆで)……6〜7枚
サラダ油……大さじ1/2
水……1 1/2カップ
和だれ……大さじ3 1/2

作り方

1. 鍋にサラダ油を熱し、鶏肉を中火で炒める。色が変わったらこんにゃく、しいたけ、水けをきったれんこんとごぼう、にんじんを加えて炒め、水けをきった里いもを加えて炒め合わせる。

2. 分量の水を加えて強火にし、煮立ったらアクを取り、中火にして和だれを加える。アルミホイルの落としぶたをし、10分ほど煮たらふたを取り、鍋をゆすりながら煮汁がほとんどなくなるまで3分ほど煮る。

3. バットに移して粗熱をとり、器に盛って斜め半分に切った絹さやを飾る。

和だれ
大さじ4

とろ～り卵と
甘辛だれのハーモニー

親子丼

材料　2人分

鶏もも肉(小さめの一口大に切る)
　……1枚
玉ねぎ(薄めのくし形切り)……1/2個
三つ葉(あれば／ざく切り)……1/3束
卵(溶きほぐす)……2個
温かいご飯……丼2杯分
A　和だれ……大さじ4
　　水……2/3カップ

作り方

1. 鍋または小さめのフライパンにA、鶏肉、玉ねぎを入れて中火にかけ、ときどき返しながら、3分ほど煮る。

2. 火をやや弱くして卵を円を描くように回し入れ、鍋を揺すりながら火を通す。半熟状になったら火を止める。

3. 丼にご飯を盛り、2をかけ、三つ葉をのせる。

たれがあれば、牛丼が5分で完成！

牛丼

和だれ 大さじ4強

材料　2人分

牛切り落とし肉（食べやすく切る）
　……200g
長ねぎ（斜め切り）……2/3本
温かいご飯……丼2杯分
A ┃和だれ……大さじ4強
　┃水……1/2カップ
紅しょうが……適量

作り方

1. 鍋またはフライパンにAを入れて中火にかけ、煮立ったら長ねぎを入れる。2分ほどしたら牛肉を入れてほぐし、途中、あればアクを取り、1〜2分煮る。
2. 丼にご飯を盛り、1を汁ごとのせ、紅しょうがを添える。

和だれがあれば、
卵焼きの味つけが超ラクチン！

関東風卵焼き

和だれ
大さじ1 1/2

材料　2人分

卵 …… 3個
A ｜ **和だれ** …… 大さじ1 1/2
　｜ 砂糖 …… 小さじ1
サラダ油 …… 適量

作り方

1. 卵は溶きほぐし、Aを入れてよく混ぜる。
2. 卵焼き器にサラダ油を熱し、余分な油はペーパータオルなどで拭き取る。1の1/3量を流し入れて全体に広げ、半熟状になったら手前に3つ折りにし、奥へ押しやる。手前にサラダ油を入れて薄く伸ばし、残りの卵液の半量を入れて広げ、卵焼きの下にも流し入れ、同様に折る。もう一度くり返し、同様に焼く。
3. ペーパータオルに取り出し、巻いて形を整える。そのまま冷まし、食べやすい大きさに切る。

\ Point /

和だれに砂糖を混ぜたもので、卵液を味つける。

焼けた卵の下にも、卵液を流し入れて焼く。

やみつき確実の南蛮だれは、
和だれ＋酢と赤唐辛子
あじの南蛮漬け

和だれ
大さじ2

材料　2人分

長ねぎ(縦半分に切り、斜め薄切り)……1/2本
きゅうり(縦半分に切り、斜め薄切り)……1本
あじ(3枚おろし／骨を取り、半分に切る)……中2尾分
A | 和だれ……大さじ2
　| 赤唐辛子(小口切り)……1本分
　| 酢……1/4カップ
　| 水……2/3カップ
小麦粉……適量
揚げ油……大さじ4

作り方

1. バットなどにAを入れて混ぜ、長ねぎ、きゅうりを入れる。
2. あじに小麦粉を薄くまぶす。フライパンに揚げ油を入れて170℃に熱し、あじを入れ、3分ほど揚げ焼きにする。両面がややカリッとしたら、すぐに1に入れ、なじませる。

\ Point /

和だれに酢で酸味、赤唐辛子で辛みをつけ、水で薄め、野菜を入れれば南蛮漬けのつけだれができる。

和だれ
大さじ1

和だれ&レンジの合わせワザで、
驚くほど簡単

レンジさばのみそ煮

材料　2人分

さば(2枚おろし)
　……1/2尾分(180〜200g)
しょうが(せん切り)……小1かけ
A ｜ 和だれ……大さじ1
　｜ みそ……大さじ1 1/2
　｜ 水……1/4カップ

作り方

1. さばは半分に切り、皮目に浅く切り目を入れる。

2. 耐熱皿に1を並べ、しょうがをのせ、よく混ぜ合わせたAを回しかける。ラップをふんわりとかけ、電子レンジで4分加熱する。そのまま少し冷ます。

和だれ＋梅干しで、
いわしにぴったりの味つけ！

いわしの梅煮

大さじ 3 1/2

材料　2人分

いわし……3尾
梅干し（甘くないもの／
　小さめにちぎる）……大1個
A｜和だれ……大さじ3 1/2
　｜水……1/2カップ

作り方

1. いわしは頭を落とし、腹の端を少し切り落として内臓をかき出し、水洗いして水けをペーパータオルでよく拭く。

2. 鍋（18〜20cm）またはフライパンにAを入れて中火にかけ、煮立ったら1を重ならないように並べ入れる。再び煮立ったら中火にし、アルミホイルで落としぶたをして煮る。

3. 煮汁が半分くらいになったら梅干しを加え、煮汁がほぼなくなるまで煮る。

47

和だれ+梅干し、酢で、
無敵のおいしさ

和だれ
大さじ2

豚こまと長いもの炒め煮

材料　2人分

豚こま切れ肉（食べやすく切る）
　……150g
長いも（7〜8mm幅のいちょう切り）
　……150g
ごま油……大さじ1/2
和だれ……大さじ2
梅干し（種を除き、たたく）……1個
酢……小さじ1

作り方

1. フライパンにごま油を熱し、豚肉を入れて中火で炒める。色がほとんど変わってきたら、長いもを加えてさっと炒める。

2. 和だれを加えて炒め合わせ、梅干しを散らして混ぜ、酢を加えて炒め合わせる。

和だれ

和だれ 大さじ2

おなじみ野菜炒めは、
和だれ＋みそで失敗なし

なすとピーマンのみそ炒め

材料　2人分

なす（一口大の乱切り）……2本
ピーマン（一口大に切る）……小3個
ごま油……大さじ1
A │ 和だれ……大さじ2*
　 │ みそ……大さじ1/2

＊みその塩分により、和だれの量は加減する。

作り方

1. フライパンにごま油を熱し、なす、ピーマンを入れて中火で1〜2分炒める。水大さじ2（分量外）を加え、ふたをして弱火で3分蒸し焼きにする。途中1〜2回混ぜる。

2. ふたを取って火を少し強くし、混ぜ合わせたAを加え、全体になじませるように手早く炒める。

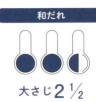

大さじ2½

+すりごま、ごま油の
ドレッシングがおいしさの秘密

蒸し豚しゃぶサラダ

材料　2人分

豚ロース肉（しゃぶしゃぶ用）……200g
水菜（3cm長さに切る）……1株
きゅうり（縦半分に切り、薄切り）……1本
A　**和だれ**……大さじ2½
　　白すりごま……大さじ1½～2
　　水……⅓カップ
　　ごま油……小さじ1

作り方

1. 冷たいフライパンに豚肉を広げて入れ、水¼カップ、酒大さじ1（各分量外）を注ぎ、ふたをして弱めの中火にかけ、3分蒸す。ふたを取り、手早くほぐす。

2. **1**の粗熱がとれたら、水けをきって器に野菜と盛り合わせ、混ぜ合わせた**A**をかける。

\ Point /

和だれにすりごま、ごま油を足し、水で割ってドレッシングを作る。

大さじ1 １/２ 和だれ

和だれを下味つけに利用！
衣に混ぜたカレー粉でスパイシー

鶏むね肉のカレーから揚げ

材料　2人分

鶏むね肉(大きめの一口大に切る)……1枚(250g)
和だれ……大さじ1 １/２
A ｜ 小麦粉……大さじ1
　　｜ カレー粉……小さじ1
揚げ油……大さじ4
レモン……適量

作り方

1. ポリ袋に鶏肉、和だれを入れ、袋の外からよくもみ込み、15分ほど味をなじませる。

2. **A**を混ぜ、**1**にまぶす。

3. フライパンに揚げ油を入れて160〜165℃に熱し、**2**を入れ、ときどき返しながら4〜5分揚げ焼きにする。少し温度を上げて1分ほど揚げ、表面がカリッとしたら取り出し、油をきる。器に盛り、好みでレモンを添える。

\ Point /

肉に和だれをよくからめる。ポリ袋を使うと手を汚さずに、味をよくなじませられる。

小麦粉にカレー粉を混ぜ、味をつけた衣をまぶす。

和だれ
大さじ2

＋カレー粉と小麦粉、水で、
そば屋のあの味！

カレーうどん

材料　2人分

冷凍うどん……2玉
豚こま切れ肉（食べやすく切る）
　　……150g
長ねぎ（斜め薄切り）……1/2本
サラダ油……大さじ1/2
小麦粉……大さじ1 1/2
カレー粉……小さじ2
A　和だれ……大さじ2
　　水……3カップ
塩……小さじ1/4〜1/3

作り方

1 冷凍うどんは表示通りにゆで、流水でさっと洗ってしっかり水けをきって、丼に入れる。

2 フライパンにサラダ油を熱し、豚肉を中火で炒め、色が変わったら長ねぎを加えて2分ほど炒める。小麦粉、カレー粉をふり入れて炒め合わせ、半分がなじんだらAを加えて2〜3分煮て、塩で味を調える。

3 1に2をかける。

和だれ

和だれ
大さじ1 1/2

少し甘めのたれが
納豆の味を引き立てる！

納豆焼きめし

材料　2人分

納豆……2パック(80g)
温かいご飯……茶碗2杯分
万能ねぎ(小口切り)……3〜4本
和だれ……大さじ1 1/2
サラダ油……大さじ1
塩……小さじ1/3

作り方

1. 納豆に和だれを入れ、よく混ぜ合わせる。
2. フライパンにサラダ油を熱し、弱めの中火で1を1分ほど炒める。火をやや強め、ご飯を加えて炒め合わせ、塩をふって味を調える。万能ねぎを加え、さっと混ぜ合わせて火を止める。

和だれ 大さじ2

＋ケチャップとすりごまのソースが
ハンバーグにマッチ

和風ハンバーグ

材料　2人分

A
- 合いびき肉……200g
- 玉ねぎ（みじん切り）……1/4個
- パン粉……1/3カップ
- 牛乳……大さじ2
- 卵……1/2個
- 塩、こしょう……各少々

サラダ油……大さじ1/2

B
- 和だれ……大さじ2
- ケチャップ……大さじ1
- 白すりごま……大さじ1/2

トマト（くし形切り）、
　しめじ（石づきを落とし、ほぐす）
　……各適量

作り方

1. Aのパン粉は牛乳に浸す。

2. ボウルにひき肉、Aを入れて練り混ぜ、玉ねぎを加えてさらに混ぜる。2等分にし、楕円形に丸める。

3. フライパンにサラダ油を熱し、2を入れて両面を中火で2～3分焼く。ふたをし、弱めの中火で7～8分蒸し焼きにし、器に盛る。混ぜ合わせたBをかけ、しめじをサラダ油少々（分量外）で炒めて塩、こしょう少々（各分量外）をふって、トマトと共に添える。

\ Point /

和だれにケチャップの甘みと酸味、すりごまの風味をプラスして、ソースにする。

和だれ
大さじ3

＋マーマレードの濃厚だれが
おいしさの決め手

スペアリブの
マーマレードグリル焼き

材料 2人分

スペアリブ（短めのもの）……6本
A 　和だれ……大さじ3
　　マーマレード……大さじ3

作り方

1. ポリ袋にAを入れて混ぜ合わせ、スペアリブを加えてもみ込み、2〜3時間おく。

2. 魚焼きグリルの奥に身が大きなスペアリブを手前には小さめのスペアリブを並べ、両面焼きなら8〜9分焼き、途中焦げそうなら、焦げやすい部分にアルミホイルを平らにかぶせる。片面焼きの場合は、1分ほど予熱して並べる。中火で5〜6分焼き、返して5〜6分焼く。途中焦げそうなら、焦げやすい部分にアルミホイルを平らにかぶせる。

\ Point /

和だれにマーマレードを加えて混ぜ、スペアリブを漬け込んで味をつける。

和
だれ

大さじ2 / 和だれ

+コチュジャン、チーズで
人気の韓国料理

チーズタッカルビ風

材料　2人分

鶏もも肉（から揚げ用）……6個
じゃがいも（一口大に切り、水にさらす）……中2個
ごま油……大さじ1
A ┃ 和だれ……大さじ2
　 ┃ コチュジャン……小さじ1
　 ┃ 水……1/3カップ
ピザ用チーズ……60〜70g
白いりごま……適量

作り方

1. フライパンにごま油を熱し、鶏肉を入れて全面を焼きつける。水けをきったじゃがいもを加えて混ぜ、Aを加え、ふたをして弱めの中火で6〜7分蒸し焼きにする。

2. ふたを取って混ぜ、やや強火にしてフライパンを揺すりながら1〜2分煮る。

3. チーズを散らし入れ、ふたをして少しおき、白ごまをふる。

洋こってりだれ

PART 2

旨うま 洋だれ

洋さっぱりだれ

カレー
ハヤシライス
ミートソース
煮込みハンバーグ
もできる！

洋だれは赤ワインとソースがベースの「こってりだれ」、レモン汁入りのドレッシング風の「さっぱりだれ」の2種をご紹介。洋こってりだれは、いつもの料理にプラスするだけで味わいがリッチで本格的に！洋さっぱりだれは、サラダやマリネ全般が作れるスグレモノです。

サラダ
マリネ
もできる！

味わいがグレードアップ！
旨うま 洋こってりだれ の作り方

材料　作りやすい分量・でき上がり300mL

バター …… 15g
玉ねぎ（みじん切り）…… 大1/2個（150g）
砂糖 …… 大さじ2
A｜赤ワイン …… 1/2カップ
　｜中濃ソース …… 1/2カップ
　｜水 …… 1/4カップ
　｜セロリの葉 …… 1茎分
　｜ローリエ …… 1枚

活用例

煮込みハンバーグ、ハヤシライス、ミートソース、カレー etc.

保存

冷蔵庫で3週間
＊2日に1回は混ぜ、使用するときはよく混ぜて使う。

1 鍋にバターを入れて溶かし、玉ねぎを加えて弱めの中火で3分ほど炒め、玉ねぎがしんなりしてうっすら色づくまで炒める。

洋こってりだれ

2 砂糖を加えてなじませ、Aを加えて中火で煮る。

3 煮立ったらアクを取り、ごく弱火で12分ほど煮詰める。セロリの葉とローリエを除いて保存する。

サラダ、マリネに大活躍！
旨うま 洋さっぱりだれ の作り方

材料 作りやすい分量・でき上がり200mL

酢……1/2カップ
砂糖……大さじ3 1/2
レモン汁……大さじ2
塩、こしょう……各少々
オリーブ油……大さじ2
米油（またはサラダ油）……大さじ2

＊ 油はオリーブ油を入れて風味をアップ。ただし、オリーブ油だけだと保存中にかたまるので米油と半々にする。

活用例

サラダ、マリネetc.

保存

冷蔵庫で3週間

1 耐熱ボウルに酢、砂糖を入れ、ラップをかけずに電子レンジで1分加熱し、よく混ぜる。

2 １にレモン汁、塩、こしょうを加え、混ぜる。

3 ２にオリーブ油、米油を加え、よく混ぜる。

洋だれで煮込んだら、
リッチな味わい

きのこたっぷり
煮込みハンバーグ

洋こってりだれ
大さじ4

材料　2人分

合いびき肉……200g
しめじ（石づきを落とし、食べやすく切る）
　……1パック
塩、こしょう……各少々
A｜パン粉……1/4カップ
　｜牛乳……大さじ2
　｜玉ねぎ（みじん切り）……1/4個
　｜卵……1個
サラダ油……大さじ1/2
B｜洋こってりだれ……大さじ4
　｜水……1/2カップ
パセリ（みじん切り）……適量

作り方

1. Aのパン粉は牛乳に浸す。ボウルにひき肉を入れ、塩、こしょうをし、Aを入れて練り混ぜ、2等分にして楕円形に丸める。

2. フライパンにサラダ油を熱し、1を並べ入れ、中火で3分焼き、返してさらに3分焼く。

3. フライパンの脂をペーパータオルで拭き取り、B、しめじを加え、ふたをして弱めの中火で8〜9分煮る。器に盛り、パセリをふる。

\ Point /

蒸し焼きにしたハンバーグに、うまみが詰まった洋こってりだれ、水を加えて煮るだけ。

洋こってりだれ 大さじ3½

洋だれのこってり味に
トマトでさっぱり感をプラス

フレッシュトマトの
ハヤシライス

材料　2人分

玉ねぎ(5mm厚さの薄切り)……¼個
牛切り落とし肉(食べやすく切る)……150g
マッシュルーム(水煮/汁けをきる)……50g
トマト(大きめの一口大に切る)……中1個

サラダ油……大さじ1
小麦粉……大さじ1
酒……大さじ2
洋こってりだれ……大さじ3½
塩……少々
ご飯……茶碗2杯分

作り方

1. 鍋にサラダ油を熱し、玉ねぎを中火で炒める。少ししんなりしたら牛肉、マッシュルームを加えて炒め、小麦粉をふり入れて炒める。

2. 粉っぽさがなくなったらトマトを加え、酒を回し入れ、ふたをして弱火で10分ほど蒸し煮にする。

3. トマトの水分が出てきたら洋こってりだれを加え、ときどき混ぜながら弱めの中火で6〜7分煮て、塩で味を調える。器に盛ったご飯にかける。

洋こってりだれ

洋こってりだれ 大さじ3

レンチン2回で、
手軽に作るパスタソース

レンジミートソースパスタ

材料　2人分

合いびき肉……200g
洋こってりだれ……大さじ3
A
　トマト(小さめのざく切り)……1個(150g)
　しいたけ(6〜8mm角に切る)……2個
　ケチャップ……大さじ1
　砂糖、塩……各小さじ1/2
　こしょう……少々
スパゲッティ……160g
粉チーズ……適量

作り方

1. 耐熱ボウルにひき肉、洋こってりだれを入れて軽くほぐし、ラップをふんわりとかけて電子レンジで2分30秒加熱する。
2. 取り出して、Aを加えてひと混ぜし、再びラップをかけて電子レンジで2分30秒加熱する。
3. スパゲッティはたっぷりの熱湯で表示通りにゆでて水けをきり、器に盛る。2をかけ、粉チーズをふる。

\ Point /

ひき肉に洋こってりだれを加え、味をつける。

洋こってりだれ

洋だれで炒めたひき肉で、
味わいがワンランクアップ

ソースいらずの
ポテトコロッケ

洋こってりだれ
大さじ2

材料　2人分

じゃがいも（縦半分、幅1cmに切り、
　水にさらす）…… 3個（360g）
合いびき肉 …… 100g
バター …… 大さじ1

洋こってりだれ …… 大さじ2
小麦粉 …… 適量
溶き卵 …… 1/2個
パン粉、揚げ油 …… 各適量
キャベツ（せん切り）…… 大2枚

作り方

1. じゃがいもはひたひたよりも多めの水からゆで、十分やわらかくなったら湯を捨て、ごく弱火にかけて水分をとばしながらマッシャーでつぶす。

2. フライパンにバターを溶かしてひき肉を中火で炒め、色が変わったら洋こってりだれを加えて炒める。

3. 2の粗熱がとれたら1に加えて混ぜ、4等分にして俵形に丸める。小麦粉、溶き卵、パン粉の順に衣をつけ、170〜180℃に熱した揚げ油で揚げる。キャベツを添える。

\ Point /

ひき肉の色が変わったら、洋こってりだれで味をつける。

洋こってりだれ
大さじ2

牛肉にしっかりたれを
からめておくのがミソ

牛肉とズッキーニの洋風炒め

材料　2人分

牛切り落とし肉（食べやすく切る）……150g
ズッキーニ（7〜8mm厚さの半月切り）……1本
A│洋こってりだれ……大さじ2
　│塩……少々
　│酒……大さじ1
　│片栗粉……大さじ1/2
オリーブ油……大さじ1

作り方

1. 牛肉はAをもみ込む。
2. フライパンにオリーブ油を熱し、牛肉を中火で炒める。色が変わったらズッキーニを加えて炒め合わせる。

洋こってりだれ

洋こってりだれ
大さじ2

たれをからめるだけで、
焼いた魚がごちそう風

さばの洋風ソテー

材料　2人分

さば（2枚おろし／半分に切る）
　　……1/2尾分（180〜200g）
サラダ油……大さじ1/2
A　洋こってりだれ
　　　……大さじ2
　　粒マスタード……小さじ1
クレソン……適量

作り方

1. フライパンにサラダ油を熱し、さばの皮目を下にして入れて中火で焼く。返してもう片面も焼き、ふたをして弱火で3分ほど蒸し焼きにする。
2. 混ぜたAを回しかけ、さっとからめる。器に盛り、好みでクレソンを添える。

＋白ワイン、にんにくで
いわしがオシャレな1品に

いわしとセロリの
フライパン蒸し煮

洋こってりだれ 大さじ1½

材料　2人分

いわし……大2尾
セロリ（斜め薄切り）……大½本
マッシュルーム（石づきを落とし、
　薄切り）……3〜4個
塩、こしょう……各少々
オリーブ油……大さじ1
A　にんにく（すりおろす）
　　　……小1かけ
　　洋こってりだれ
　　　……大さじ1½
　　白ワイン（または酒）
　　　……大さじ1

作り方

1. いわしは頭を落とし、腹の端を少し切り落として内臓をかき出し、水洗いして水けをペーパータオルでよく拭き、塩、こしょうをふる。

2. フライパンにオリーブ油を入れて熱し、1を並べ入れ、両面を弱めの中火で軽く焼く。

3. セロリ、マッシュルームを加え、混ぜたAを回しかけ、ふたをして6〜7分蒸し煮にする。

79

洋だれプラスで、
一気にお店の味にグレードアップ

レンジ バターチキンカレー

洋こってりだれ 大さじ2

材料　2〜3人分

鶏もも肉(から揚げ用)……200g
玉ねぎ(粗みじん切り)……1/2個
にんにく、しょうが(各すりおろす)……各小さじ1
塩……適量
A｜カレー粉……大さじ2
　｜ヨーグルト(無糖)……大さじ4

小麦粉……大さじ1
バター……大さじ1
カットトマト缶……1/2缶(200g)
洋こってりだれ……大さじ2
はちみつ、塩……各少々

作り方

1. 鶏肉に塩をやや強めにもみ込む。ポリ袋にAを入れてよく混ぜ、鶏肉を入れてさらにもみ込み、10〜15分漬ける。

2. 耐熱ボウル(直径22cm)に玉ねぎを入れ、小麦粉をしっかりもみ込む。その上にカットトマト缶、1を順に平らに入れ、にんにく、しょうが、洋こってりだれをかける。ラップをふんわりとかけて電子レンジで7分加熱する。

3. バターを加え、再びラップをかけてそのまま6〜7分おいてバターを溶かしてよく混ぜ、はちみつ、塩で味を調える。ナンやご飯を添えて。

\ Point /

玉ねぎ→カットトマト缶→鶏肉の順にのせ、一番上にたれをかけ、レンジで加熱する。

洋こってり だれ

洋さっぱりだれを
かけるだけ！
あえるだけ！

＊分量が書いてあるものは、1人分の場合です。調味料だけ分量が書いてある場合は、その割合で作ってください。

1. キャロットラペ

にんじんは4〜5cm長さの細めのせん切りにして塩でもんで水けを絞り、洋さっぱりだれであえる。

2. たいのカルパッチョ

たいの刺身をそぎ切りにし、洋さっぱりだれをかけ、スプラウト、粗びき黒こしょうをふる。

洋さっぱりだれ

3.

トマトのサラダ

トマトをくし形に切り、洋さっぱりだれ(大さじ2)＋Mixハーブ(小さじ1)をかける。

4.

コールスローサラダ

キャベツはせん切りにして塩でもんで水けを絞り、せん切りのハムと共に洋さっぱりだれであえる。

生ハム入り
シーザーサラダ

ロメインレタスに生ハムをのせ、砕いたくるみ、洋さっぱりだれ、粉チーズをかける。

スモークサーモンと
アボカドのマリネ

食べやすく切ったアボカドにスモークサーモンを巻いて塩をふり、洋さっぱりだれ＋粉チーズをかけ、味をなじませる。

洋さっぱりだれ

まぐろの
ブルスケッタ風

バゲットににんにくの切り口をこすりつけて軽くトースト。まぐろの刺し身（ねぎとろ用）を洋さっぱりだれであえてのせ、小さく切ったミニトマト、バジルの葉をのせ、粗びき黒こしょうをふる。

7.

8.

グリルパプリカのマリネ

パプリカは半分に切ってヘタと種を取り、魚焼きグリルで皮が焦げるほど焼いて粗熱がとれたら皮をむく。食べやすく切り、洋さっぱりだれ（大さじ2）＋カレー粉（小さじ$\frac{1}{2}$）に漬ける。

85

洋さっぱりだれ
大さじ1 1/2

たれでマリネして焼くから、肉がふっくら！
チキンのマリネ焼き

材料　2人分

鶏もも肉……大1枚(250～300g)
塩……小さじ1/2
洋さっぱりだれ……大さじ1 1/2
ベビーリーフ、レモン……各適量

作り方

1. 鶏肉の皮目にフォークをところどころ刺し、塩をふり、ポリ袋に入れて洋さっぱりだれを加えてもみ込み、半日以上漬ける。

2. 魚焼きグリルにのせ、両面焼きなら9～10分焼く。片面焼きの場合は、1分予熱して5～6分焼き、返して3～4分焼く。器に盛り、ベビーリーフ、レモンを添える。

洋さっぱりだれ
大さじ2

洋だれでさっぱり感とテリをプラス
さけのしっとりソテー

材料　2人分

生ざけ……2切れ
マッシュルーム(石づきを落とし、薄切り)……大4個
塩……適量
こしょう……少々
小麦粉……適量
オリーブ油……大さじ1/2
洋さっぱりだれ……大さじ2
パセリ(みじん切り)、粗びき黒こしょう……各適量

作り方

1. さけの両面に塩小さじ1/2、こしょうを強めにふり、小麦粉を薄くまぶす。

2. フライパンにオリーブ油の半量を熱し、1を並べて両面がややカリッとするまで中火で焼く。洋さっぱりだれを回しかけてからめ、器に盛り、パセリ、粗びき黒こしょうをふる。

3. 2のフライパンに残りのオリーブ油を熱し、マッシュルームをさっと炒め、塩少々をふり、2に添える。

\ Point /

さけにほぼ火が通ったら、洋さっぱりだれを全体にからめる。

洋さっぱりだれ

大さじ4

洋さっぱりだれを
マリネ液に利用

えびのエスカベッシュ

材料　2人分

玉ねぎ（薄切り）…… 1/4個
ディル …… 適量
えび（殻つき）…… 中8尾
塩 …… 適量
洋さっぱりだれ …… 大さじ4
こしょう …… 少々
小麦粉 …… 適量
揚げ油 …… 大さじ4

作り方

1. ボウルに玉ねぎを入れ、塩少々をふってしばらくおき、もみ込んでから3分ほど水にさらし、水けをしっかりきる。玉ねぎをバットに入れ、洋さっぱりだれを加えてなじませる。

2. えびは尾の部分を残して殻をむき、背わたを取り、塩少々、こしょうをふって、小麦粉を薄くまぶす。

3. フライパンに揚げ油を入れて180℃に熱し、2を入れてカラリと揚げ、油をきって1のバットに入れて漬け、ディルを散らす。

洋さっぱりだれ

1/4カップ

魚介が主役！
ペルー生まれのさわやかマリネ

セビーチェ

材料　2〜3人分

ゆでだこの足（そぎ切り）……150g
いか（刺身用／食べやすく切る）
　　……100g
たい（刺身／食べやすく切る）
　　……150g
紫玉ねぎ（粗みじん切り）……1/4個
トマト（小さめのざく切り）……1個
洋さっぱりだれ……1/4カップ
香菜（ざく切り）……2〜3本

作り方

1 ボウルに魚介、紫玉ねぎ、トマトを入れ、洋さっぱりだれであえる。

2 器に盛り、香菜を散らす。

洋さっぱりだれ
大さじ2

洋風だれで作る
即席キャベツの酢漬けを味のベースに
シュークルート

材料　2人分

キャベツ（太めのせん切り）……1/3個
じゃがいも（半分に切る）……2個
ソーセージ……3～4本
洋さっぱりだれ……大さじ2
A　粒黒こしょう……10～15粒
　　コンソメ（顆粒）……小さじ1/2
　　白ワイン……1/4カップ
　　水……1カップ
砂糖、塩……各少々

作り方

1. キャベツは塩少々（分量外）でもみ、水けをよく絞って洋さっぱりだれであえる。じゃがいもは耐熱ボウルに入れ、ラップをふんわりとかけて電子レンジで2分～2分30秒加熱する。

2. 鍋にA、ソーセージを入れ、弱めの中火で6～7分煮る。じゃがいもを加えて3～4分煮て、キャベツも加えて砂糖、塩で味を調える。

\ Point /

キャベツを洋さっぱりだれであえ、
キャベツの酢漬け風を作る。

アボカドのまったり感がおいしい
新感覚パスタ

アボカドの
レモンパスタ

洋さっぱりだれ
大さじ3

材料　2人分

スパゲッティ（1.4mm、5分ゆで）
　……160g
アボカド（大きめの乱切り）
　……大1個
レモン（いちょう切り）……10枚
洋さっぱりだれ……大さじ3
粗びき黒こしょう……適量

作り方

1 フライパンに水1 2/3カップ（分量外）、スパゲッティを半分に折って入れ、ふたをして強めの中火にかける。煮立ったら一度スパゲッティをほぐすように混ぜ、再びふたをして弱めの中火で5分蒸しゆでにする。

2 ふたを取って火を強めの中火にし、アボカド、レモンを加えて水分をとばすように炒め合わせ、洋さっぱりだれを加えてなじませる。粗びき黒こしょうをふる。

洋さっぱりだれ　大さじ2

酸味の利いた洋だれで、味にメリハリ

タラモサラダ

材料　2〜3人分

たらこ……1腹（50〜60g）
じゃがいも（1cm幅の半月切り）
　……2個
洋さっぱりだれ……大さじ2
バゲット……適量

作り方

1. たらこは中身をこそげ出してボウルに入れ、洋さっぱりだれで伸ばす。
2. じゃがいもはひたひたよりも多めの水からゆで、十分やわらかくなったら湯を捨て、弱火にかけて水分をとばしながらマッシャーで粗くつぶす。
3. 2に1を加え、混ぜる。軽くトーストしたバゲットにのせて。

旨うま 中華だれ

PART 3

中華料理を作るときに面倒なことといえば、合わせ調味料を作ること。この中華だれがあれば、その作業はいっさいなし！これって、かなりうれしい。中華といえば！の定番料理はもちろん、豆板醤やすりごまをプラスすると、さらにバリエーションが広がります。

バンバンジー
回鍋肉
麻婆春雨　もできる！
青椒肉絲

濃厚なみそだれ！
旨うま 中華だれ の作り方

材料 作りやすい分量・でき上がり250mL

ごま油……大さじ2
長ねぎ(みじん切り)……大さじ4
しょうが(みじん切り)……大さじ3
砂糖……80g
みそ(信州のみそ)*……200g
酒……大さじ6
オイスターソース……大さじ1
＊信州のみそは、塩分11％のものを使用。

活用例

回鍋肉、麻婆春雨、青椒肉絲、バンバンジー etc.

保存

冷蔵庫で3週間

1 フライパンにごま油、長ねぎ、しょうがを入れて混ぜ、弱めの中火にかけて1分ほど、長ねぎがしんなりするまで炒める。

中華だれ

2 砂糖、みそを加えてなじませるように炒める。

3 酒、オイスターソースを加えて弱めの中火で3分ほど混ぜながら煮る。

中華だれを
かけるだけ！
あえるだけ！

＊分量が書いてあるものは、1人分の場合です。調味料だけ分量が書いてある場合は、その割合で作ってください。

1. 青梗菜の中華だれがけ

青梗菜をゆでてしっかり絞って3cm長さに切り、中華だれをかける。

2. レンチンもやしの中華あえ

もやし（1/2袋）はさっと洗い、耐熱ボウルに入れてラップをふんわりとかけ、電子レンジで1分加熱。水を捨て、中華だれ（大さじ1）であえる。

中華だれ

3. 焼き豚と きゅうりの 中華あえ

焼き豚、きゅうりを細切りにし、中華だれ(大さじ1/2)＋酢(小さじ2)であえ、好みで粉山椒をふる。

4. 中華風 冷ややっこ

中華だれ(大さじ1/2)に黒酢(小さじ1)を混ぜ、水きりした豆腐にかけ、香菜のざく切りをのせる。

豆乳つけめん

中華だれ(大さじ1 $\frac{1}{2}$)、豆乳($\frac{1}{3}$ カップ)、ごま油(小さじ $\frac{1}{2}$)を混ぜ、ゆでた中華生めんをつけて食べる。つゆに好みでラー油を入れても。

5.

スティックセロリの中華だれディップ

セロリは筋を取り、長めに切って縦に細く切って器に盛り、中華だれを添える。

6.

中華だれ

まぐろの刺し身の中華あえ

まぐろの刺し身を2cm角に切り、中華だれ(大さじ1)＋白いりごま(小さじ1〜2)＋青じそ(2枚)のみじん切りであえる。

魚肉ソーセージの貝割れ菜あえ

魚肉ソーセージは斜め切り、貝割れ菜は2〜3cm長さに切り、中華だれ(大さじ1/2)＋マヨネーズ(小さじ1)であえる。

9. ピータンのザーサイあえ

ピータン(1個)は殻をむいて食べやすく切り、味つきザーサイ(20g)の粗みじん切り、香菜(適量)のざく切りと中華だれ(大さじ1/2)であえる。

10. しいたけのグリル焼き

しいたけは軸を落とし、ごま油を塗って魚焼きグリルかトースターでやや焦げるまで焼き、中華だれをのせ、白いりごまをふる。

11. 豆苗とツナの中華あえ

中華だれ

豆苗(1/2袋)は3cm長さに切り、ラップをふんわりとかけて電子レンジで1分加熱。缶汁をきったツナ缶(小1/2缶)と**中華だれ**(大さじ1/2)であえる。

12. きゅうりと韓国のりのあえもの

きゅうり(1本)は食べやすくたたき、ちぎった韓国のり(2〜3枚)と、**中華だれ**(大さじ1)＋おろしにんにく(少々)であえる。

大さじ 1 $\frac{1}{2}$

中華だれ＋豆板醤で、
ご飯がもりもり進む！

回鍋肉
（ホイコーロー）

材料　2人分

豚バラ肉（焼き肉用／半分に切る）…… 150g
ピーマン（一口大の乱切り）…… 小2個
キャベツ（ざく切り）…… 大2枚
サラダ油 …… 大さじ$\frac{1}{2}$
豆板醤 …… 小さじ$\frac{1}{3}$
中華だれ …… 大さじ 1 $\frac{1}{2}$

作り方

1. フライパンにサラダ油を熱し、豆板醤を弱めの中火で炒める。香りがしてきたら豚肉を入れ、中火で焼きつける。ピーマンを加えてさっと炒め、キャベツを加えて炒め合わせる。

2. キャベツがややしんなりしてきたら、中華だれを回し入れ、強火で大きく炒めたら火を止める。

\ Point /

野菜がしんなりしたら、中華だれを加え、手早く炒め合わせる。

中華
だれ

中華だれ

大さじ2

中華だれがあれば、
大好き麻婆がぐっと手軽に

麻婆春雨

材料　2人分

豚ひき肉……150g
しょうが(みじん切り)……小1かけ
にんにく(みじん切り)……小1かけ
春雨(ショートタイプ)……40g
にら(3cm長さに切る)……1/3束
サラダ油……大さじ1/2
A｜**中華だれ**……大さじ2
　｜豆板醤……小さじ1/2
　｜水……2/3カップ
ごま油……少々

作り方

1. フライパンにサラダ油を熱し、しょうが、にんにくを中火で炒め、香りが出たらひき肉を加えて炒める。

2. ひき肉の色が完全に変わったら、混ぜたAを加え、弱めの中火にする。春雨をもどさずに加え、大きく混ぜ合わせながら2分煮る。最後ににらを加えて少し煮て、ごま油をふり、火を止める。

中華
だれ

109

こってり中華だれで、
ピーマンが無限にイケる！

青椒肉絲
チンジャオロースー

中華だれ
大さじ1 1/3

材料　2人分

牛もも肉（焼肉用／5mm幅の細切り）……150g
にんにく（粗みじん切り）……1かけ
ピーマン（細切り）……4個（150〜160g）
A｜酒……大さじ1
　｜片栗粉……小さじ1
サラダ油……大さじ1
中華だれ……大さじ1 1/3

作り方

1 牛肉はAをもみ込む。フライパンにサラダ油の半量を熱し、牛肉を入れて炒め、肉の色が十分変わったら、一度取り出す。

2 1のフライパンに残りのサラダ油を熱し、にんにくを入れ、中火で焦がさないように炒め、香りが出たらピーマンを加えて2分ほど炒める。

3 ピーマンがややしんなりしたら1を戻し入れ、中華だれを回しかけ、手早く炒め合わせる。

\ Point /

牛肉とピーマンは火の通りが違うため、牛肉は炒めたら取り出す。

中華だれ
大さじ2

クセの強いレバーも
中華だれで食べやすく！
レバにら炒め

材料 2人分

豚レバー……150g
玉ねぎ(6等分のくし形切り)……1/2個
にんにく(みじん切り)……1かけ
にら(3〜5cm長さに切る)……1束
小麦粉……大さじ2
サラダ油……大さじ1
酒……大さじ1
中華だれ……大さじ2

作り方

1. レバーは牛乳適量(分量外)に15分ほど浸し、さっと洗って水けをしっかり拭き、小麦粉をまぶす。

2. フライパンにサラダ油の半量を熱し、1を2分ほど炒め、全体に色が変わったら酒を回しかけ、ふたをして弱火で2分蒸し焼きにし、取り出す。

3. 2のフライパンをさっと拭き、残りのサラダ油を入れ、玉ねぎ、にんにくを中火で炒める。ややしんなりとしてきたら2を戻し入れ、にらも加え、中華だれを回し入れ、全体になじむように手早く炒め合わせる。

中華だれ

大さじ1 1/2

鶏むね肉の一番おいしい食べ方！

レンジde しっとりバンバンジー

材料　2人分

鶏むね肉 …… 1枚（約200g）
もやし …… 1/2袋（100g）
きゅうり（食べやすくたたく）…… 1本
塩 …… 少々
酒 …… 大さじ1

A
中華だれ …… 大さじ1 1/2
酢、白すりごま …… 各大さじ1
ラー油（好みで）…… 小さじ1

作り方

1. 鶏肉はフォークでところどころ刺し、塩をふる。耐熱皿に鶏肉をのせ、酒を回しかけて、ラップをふんわりとかけて電子レンジで3分30秒〜4分加熱する。ラップは外さずに、そのまま冷ます。

2. 別の耐熱皿にもやしをのせ、ラップをふんわりとかけて電子レンジで1分加熱し、水を捨てる。

3. 器に2のもやし、きゅうりを順に盛り、1を薄めのそぎ切りにしてのせ、混ぜたAをかける。

\ Point /

酢を足すと、中華だれのおいしさの幅がぐんと広がる。

下ごしらえは、
具材に中華だれをからめるだけ

シャキシャキ
もやし春巻き

中華だれ 大さじ2

材料　2人分

豚こま切れ肉（小さめに切る）……100g
もやし……1/2袋（100g）
にら（3cm長さに切る）……1/3束
春巻きの皮……6枚

中華だれ……大さじ2
水溶き小麦粉（小麦粉大さじ1、水大さじ2/3）……適量
揚げ油……大さじ5

作り方

1. ボウルに豚肉を入れ、中華だれをもみ込み、もやしを手で折りながら加え、にらも加えてよく混ぜる。

2. 春巻きの皮に1の1/6量ずつのせ、手前、左右の皮を折ってくるくると巻き、皮の縁に水溶き小麦粉をつけてしっかり留める。同様に計6本作る。

3. フライパンに揚げ油を入れて弱めの中火で熱し、2の巻き終わりを下にして入れ、3分ほど揚げ焼きにし、返してさらに3分ほど揚げる。好みでからしなどをつけて食べる。

\ Point /

豚肉にしっかり味をつけてから、野菜を加えてさらによく混ぜる。

中華だれ

中華だれ
大さじ2 1/2

中華版そぼろは、
葉っぱに包んでパクリ

肉みそ

材料　2〜3人分

豚ひき肉……200g
長ねぎ(みじん切り)……1/3本
ごま油……大さじ1
A ┃ しょうが(すりおろす)……小さじ1/2
　┃ **中華だれ**……大さじ2 1/2
　┃ 水……1/3カップ
サラダ菜……適量

作り方

1. フライパンにごま油を熱し、長ねぎを中火で炒める。少ししんなりしたらひき肉を加えて炒め合わせる。
2. ひき肉の色が完全に変わったら混ぜたAを加え、汁けがほとんどなくなるまで煮る。
3. 器に2を盛り、サラダ菜を添え、包んで食べる。

\ Point /

ひき肉の色が変わったら、しょうがと水を足した中華だれを入れ、煮る。

しいたけ入りの肉みそを
麺にからめながらどうぞ

ジャージャー麺

中華だれ 大さじ2 1/3

材料　2人分

豚ひき肉……200g
にんにく（みじん切り）……小1かけ
しいたけ（石づきを落とし、
　6〜8mm角に切る）……2個
中華麺……2玉
ごま油……大さじ1
A　中華だれ……大さじ2 1/3
　　豆板醤……小さじ1/2
　　水……2/3カップ
きゅうり（せん切り）……1/2本

作り方

1. フライパンにごま油を熱し、にんにく、しいたけを弱めの中火で炒め、ひき肉を加えて炒め合わせる。
2. 肉の色が完全に変わったらAを加え、煮ながら炒め合わせる。
3. 中華麺は表示通りにゆで、流水で洗って水けをしっかりときり、器にのせる。2をかけ、きゅうりを添える。

中華だれ+にんにくで、
パンチもばっちり

スタミナ焼きそば

中華だれ 大さじ4

材料　2人分

玉ねぎ(7〜8mm幅に切る)……1/4個
豚こま切れ肉(食べやすく切る)
　　……150g
キャベツ(2〜3cm角に切る)……2枚
中華蒸し麺(ほぐす)……2袋
にら(2cm長さに切る)……1/4束
サラダ油……大さじ1

A　にんにく(すりおろす)
　　　……小さじ1/2〜1
　　中華だれ……大さじ4

作り方

1. フライパンにサラダ油を熱し、玉ねぎを中火で炒め、しんなりしてきたら豚肉を加えて炒める。肉の色が変わったら、キャベツを加えて炒め合わせる。

2. 中華麺を加えて炒め合わせ、水大さじ2(分量外)を加え、ふたをして弱めの中火で2分ほど蒸し焼きにする。

3. にらを加えて少し炒め、混ぜたAを加えて炒め合わせる。

大さじ**1**強

あさりと中華だれが合わさり、
うまみ爆発！

あさりとトマトの
ピリ辛炒め

材料　2人分

あさり（殻つき、砂出し済）……250g
エリンギ（長さ半分、縦4等分に切る）……大1本
赤唐辛子（小口切り）……1本
トマト（やや大きめの乱切り）……1個
酒……大さじ2
中華だれ……大さじ1強

作り方

1　あさりは流水でこすり洗いをして、水けをよくきる。

2　フライパンに1、エリンギ、赤唐辛子、酒を入れ、ふたをして中火にかける。あさりの口が開いたらアクを取り、トマトを加えて軽く炒め合わせ、中華だれを加えてさらに炒め合わせる。

中華だれ
大さじ2 ½

中華だれがまったり豆乳に
味のメリハリをつける！

豆乳鍋

材料　2人分

大根（拍子木切り）…… 3〜4cm
小松菜（ざく切り）…… ½束（100g）
まいたけ（ほぐす）…… 1パック
豚しゃぶしゃぶ用肉…… 150〜200g
A｜中華だれ…… 大さじ2 ½
　｜水…… ½カップ
豆乳…… 1カップ
しょうゆ…… 大さじ½
塩…… 少々

作り方

1. 鍋にAを入れ、大根、小松菜を入れ、中火にかける。煮立ったらまいたけも加え、3分ほど弱めの中火で煮る。
2. 豆乳を加え、しょうゆ、塩で味を調える。
3. 豚肉を入れ、あまり煮すぎないうちに食べる。

中華
だれ

125

中華だれ
大さじ2 １/２

手軽で栄養満点のさば缶で作る、
韓国風の鍋

キムチさば缶鍋

材料　2人分

キムチ……80〜100g
大根（4〜5mm厚さのいちょう切り）……3cm分
さば水煮（缶から出し、汁けを軽くきる）……1缶（200g）
にんにく（すりおろす）……小さじ１/２
納豆……1パック（40g）
にら（3cm長さに切る）……１/２束
ごま油……大さじ1
A｜中華だれ……大さじ2 １/２
　｜水……1 １/２カップ

作り方

1. 鍋にごま油を熱し、キムチを入れて弱火で1〜2分炒め、Aを加える。

2. 煮立ったら、大根を入れて3分ほど煮る。さば水煮を入れ、なるべくくずさないようにし、にんにくを混ぜた納豆、にらを順に加えて煮る。

中華だれ

127

武蔵裕子（むさし・ゆうこ）

料理研究家。和食をはじめ、洋風、中華風、エスニック風など、誰にでもやさしく作れる家庭料理が人気。雑誌や書籍で活躍するほか、企業のメニュー開発にも携わる。『ずっとつかえる たれソース 味つけのきほん』（永岡書店）、『焼くだけで絶品 グリルレシピ』（新星出版社）など著書多数。
Instagram：musashiyuko116

アレンジ無限！
旨うまだれ
和・洋・中4種のタレで、味がピタッと決まる！

2025年1月3日　第1刷発行

著　者　武蔵裕子
発行人　関川 誠
発行所　株式会社宝島社
　　　　〒102-8388
　　　　東京都千代田区一番町25番地
　　　　電話　（営業）03-3234-4621
　　　　　　　（編集）03-3239-0928
　　　　https://tkj.jp

印刷・製本　サンケイ総合印刷株式会社

本書の無断転載・複製を禁じます。
乱丁・落丁本はお取り替えいたします。

©Yuko Musashi 2025
Printed in Japan
ISBN978-4-299-06146-1